从小爱科学　小生活大世界

Tansuo Da Aomi
Shenghuo
探索生活大奥秘

纸上魔方 / 编著

神奇的汽车

山东人民出版社

全国百佳图书出版单位 国家一级出版社

图书在版编目（CIP）数据

神奇的汽车 / 纸上魔方编著 . — 济南：山东人民
出版社，2014.5（2024.1 重印）
（探索生活大奥秘）
ISBN 978-7-209-06567-2

Ⅰ.①神… Ⅱ.①纸… Ⅲ.①汽车—少儿读物 Ⅳ.
① U469-49

中国版本图书馆 CIP 数据核字 (2014) 第 028587 号

责任编辑：王　路

神奇的汽车

纸上魔方　编著

山东出版传媒股份有限公司
山东人民出版社出版发行

社　　址：济南市经九路胜利大街 39 号　邮 编：250001
网　　址：http:// www.sd-book.com.cn
发行部：（0531）82098027 82098028

新华书店经销
三河市华东印刷有限公司

规　　格　 16 开（170mm×240mm）
印　　张　 8.25
字　　数　 150 千字
版　　次　 2014 年 5 月第 1 版
印　　次　 2024 年 1 月第 3 次
ISBN　978-7-209-06567-2
定　　价　 39.80 元

如有质量问题，请与印刷厂调换。（0531）82079112

前言

　　小藻球是怎样净化污水的呢？含羞草可以预报地震吗？卷柏为什么又叫九死还魂草呢？你见过能预测气温的草吗？什么是臭氧层？为什么水开后会冒蒸气？混凝土车为什么会边走边转呢？仿真汽车是汽车吗？青春期的女孩很容易长胖吗？我为什么长大了？多吃甜食有好处吗？为什么不能空腹吃柿子？没有炒熟的四季豆为什么不能吃？发芽的土豆为什么不能吃？……生活中有太多令小朋友们好奇而又解释不了的问题。别急，本套丛书内容涵盖了人体、生活、生物、宇宙、气候等各个知识领域，用最浅显通俗的语言、最幽默风趣的插图，让小朋友们在轻松愉悦的氛围中提高阅读兴趣，不断扩充知识面，激发小朋友们的想象力。相信本套丛书一定会让小朋友及家长爱不释手。

　　让我们现在就出发，一起到科学的王国探秘吧！

用心发现，原来世界奥秘无穷！

目录

新能源

驾照

世界上第一辆汽车

　　世界上第一辆汽车是什么样的啊？是不是长着大大的脑袋、方方的身体，加上四个圆溜溜的轮子呢？不过要是你真的这么想，那就大错特错了。因为最早的汽车只有三个轮子，看起来更像是三轮自行车呢！

　　这辆看起来不像汽车的汽车，出现在1886年1月29日的德国，发明者是卡尔·本茨。虽然大家都认为这个架着锅炉的家伙外形丑陋，但是因为它使用了单缸四冲程汽油机、电点火、

化油器等独创技术，人们还是给它扣上了"汽车"的帽子。

这辆汽车本身是用木头做成的，十分笨重，依靠锅炉产生的蒸汽驱动前轮作为前进的动力。这个所谓的汽车甚至发动起来也是慢吞吞的，每小时只能走上4千米，甚至比人走路的速度还要缓慢，所以它一发动，就有很多人跟着在后面走。因为它使用了蒸汽作为前进的动力，所以每走15分钟就不得不停下来，等锅炉的压力重新升高后才能继续前进。甚至还有人觉得这个家伙不仅比马或者驴子笨，还十分

不解风情，就像是走着路来"烧开水"的。

　　这个所谓的汽车和现代汽车相比实在是不值一提，但它却具有划时代的意义，因为它采用了机械动力作为驱动，已经具备了汽车的基本条件。不过因为这辆车的驱动动力装置在前轮上，转向比较困难，也难以刹车，所以有一次行驶在路上的时候，因为转向系统失灵而撞到了兵工厂的墙上。就这样，值得纪念的世界第一辆蒸汽汽车被撞得粉身碎骨，从此就只能出现在我们的回忆中了。这次意外的撞击也成就了"车祸"这个名词，这也是世界上第一起机车事故。

科技进步引发的汽车革命

　　第一辆汽车"粉身碎骨"后，留给我们的很多思考和感悟却在不断地推进汽车的发明。人类发明汽车的脚步针对技术缺陷，开始研究新的动力装置。科技帮助人类进步，1876年，德国发明家奥托制造了世界上第一台内燃机，这个内燃机依旧采用煤气作为原料，但是功率和热效率都比较高。它是世界上第一台往复活塞式四冲程内燃机，运转十分平稳，所以被很多发明家不断地运用在各种机械设备上，遗憾的是启动后需要准备很多的煤，同时也有空气污染，甚至需要工人用铲子将煤一点点地塞进炉子里面去。1883年，德国人戴姆勒在迈巴

赫的帮助下，发明了以汽油为燃料的发动机，随后这个发动机被装载到四轮马车上，作为车辆的动力装置，世界上第一辆四轮汽油汽车就这样诞生啦！

其实我们透过这些汽车发明过程中的"里程碑"，可以看到人类在技术进步的过程中，如何完美地展现了科技的力量。让我们翻开这个豪华的名单去看看万有引力定律的发现者牛顿，我们会惊讶地发现汽车的出现其实也源于这个伟大的定律。随后，瓦特也为汽车的出现做出了巨大的贡献，因为他改良的蒸汽机，是汽车动力装备中不可或缺的成员。第三个需要点名表扬的人物是奥托，他和他的内燃机的四冲程理论，直接导致了

内燃机的诞生。最后需要表扬的是英格兰政府（不是现在的英国），正是因为有了完善的专利保护技术，才促使很多的发明家前仆后继地展现自己的聪明才智，最后推进了人类的文明进一步向前发展。

不过在西方国家的科技浪潮带来很多文明成果的同时，在东方却是一个沉睡的时代，因为这里甚至连一个钉子都不能自己制造，进口的钉子被称为"洋钉"。在大约半个世纪后，才引进了西方国家的一些汽车制造技术，随后成立了本土化的汽车制造工厂——中国一汽，但是其所有的核心技术都靠西方"进口"。

为世界装上轮子的
"平民汽车之父"

现在，我们就来说说 "平民汽车之父" ——亨利·福特的故事吧！他出生在一个农场里，很小就对机械设备感兴趣，到13岁的时候就会修理钟表和机器了。他建立了自己的汽车 "工作室"，在这个与世隔绝的小作坊里面，他学习到了如何研发

和制作汽车，甚至动手改良发动机，从而不让车辆"被马拉着走"。1896年，这个"用汽油做燃料的"马车在大街上行驶，随后三辆汽车接连问世，一辆比一辆精致，一辆比一辆性能优越。

在汽车工业刚起步的时候，很多人认为未来车辆的发展潮流应该是电气汽车，而不是燃料汽车。据说年轻的福特为自己设计的发动机绘制了很多草图，却不被世人认可，反而遭到了很多讽刺。在坚持了很久之后，福特有些动摇，为自己的想法烦恼不已，不过幸运的是，他的想法得到了大名鼎鼎的发明家

爱迪生的支持，所以福特搞技术更新的想法就更加强烈，他拥有很多独有的技术，这也让这个年轻人从此在福特公司确立了重要的地位。

1903年，亨利·福特创立了福特汽车公司，这是现在世界最著名的几个汽车企业之一。福特最初的公司因为他本人喜欢研发而不善于销售，所以市场并不好，而且大众对汽车的接受程度有限，因为债务问题曾一度倒闭。然而，信念、先进的技术，还有先进的管理经验让福特汽车公司逐渐成为强者。福特来自田园的汽车梦想，逐渐成为操作便利、价格实惠、造型美观、维护容易且能批量生产的汽车品牌。福特带着他"为全世界大多数人造车"的梦想，开始了新的人生。他为了激发工人的热情，创造性地提出了工资日结算制度，他的8小时/5美元制度如今正在世界各地的工厂里面运行。福特研发了世界上第一条流水线，在他的工厂里创造了每分钟就下线一辆汽车的记录，这些源源不断的福特汽车成就了千万人成为"有车一族"的梦想。如今的福特汽车是一种技术的权威，也是一种财富的象征，还是一种身份的标志。福特的人生延续了84年，这在当时已经是高寿，而他的福特汽车和庞大的汽车王国，将他所有的梦想都延续了下去。

世界上"最小的量产汽车"

世界上最小的量产汽车是新款的P50Peel，和正常的汽车比较起来就好像一个儿童的玩具，这个车子有两个前轮和一个后轮，只有122厘米高，每小时可以行驶49千米。它已经被载入了吉尼斯世界纪录，被确认为世界上最小的量产汽车。说实话，它的设计标准并不符合汽车的安全标准，但是英国的法律却允许它上路，所以当你在英国的街头邂逅这么个"小神童"的时候，一定不要惊讶啊！

这个小家伙还真的是"麻雀虽小，五脏俱全"呢！为了方便夜间行驶，车头还装了一个大灯，后面还有尾

灯、制动灯、转向灯，甚至连雾灯也一应俱全。这辆车还有后视镜，车身是用模具整体成型的，就好像我们现代的整体厨房一样。但它没有我们传统意义上的底盘结构，更像是一个会走路的模型设备，如果你不想开着车子行走，可以将车子拉进电梯或者楼道，因而很受人们的欢迎。

不过这辆袖珍汽车，使用起来也不是你想象得那么方便的。内部只有1米宽，1.2米长，重量仅59千克，甚至连雨刮器都省掉啦！这辆车内部仅有1个座位，一个成年人坐在里面空间并不宽敞，太胖的人是坐不进去

的。因为内部需要装备一些基本的设备，所以没有预定的储物空间，但是可以随车携带1个购物袋。

　　这个袖珍小车虽然更多的是一个"概念车"，却引起了很多人的迷恋，所以到了2012年，英国的车商顺应了各位车迷的要求，重新生产了新版的袖珍小车。这个新车时速也仅仅只有65千米每小时，不过比从前的稍微大一点，这样成人坐在里面会觉得比较舒适，甚至这个小车还能加上倒挡，这样在狭小的空间里就能够进退自如啦！

现在这个袖珍小车还可以装饰上各种美丽的色彩，甚至还有深浅颜色的混搭风格。当然，如果你想在车身上来点个性化的装饰也是不错的选择。现在这辆车的售价是3—5万英镑，甚至还有人打算要将这个神奇的家伙开进BBC电视大楼的转播大厅呢！

汽车车灯的故事

　　汽车在我们生活中的地位已经十分重要了，不仅是我们重要的出行工具，还是儿童玩具的原型、图书的主角、电视剧中的重要组成部分。说起汽车，谁都知道汽车是有车灯的，但是你知道车灯是怎么来的吗？现在就让我们一起去了解一下这个车的重要合作伙伴的故事吧！

　　说到汽车的车灯，我们还需要将思绪投向遥远的时代呢！1887年，一个驾驶员开着爱车，行驶在漆黑的乡间公路上的时候，突然迷路了。四周漆黑一片，该往哪里走呢？要是开到了地里怎么办？幸运的是，这个倒霉的司机遇到了一个好心的农民，这个农民用自己的手提灯引导着他顺利前行，最后回到了自己的家里。经历

了这个小小的挫折以后，很多人就开始思考能不能自己在车上装一个灯，经过了多次试验后，第一个汽车车灯就出现在一个叫作"哥伦比亚"号的电动汽车上了！

不过，正如很多新生事物都有很多缺陷一样，刚出现的车灯开启后比较晃眼睛，所以很多人并不看好这个发明。后来又有人发明了光度调节器，却又被人批评说使用者只能下车手动调节，不能够在车上调整。后来慢慢地有了开关，再后来车灯就逐渐成为我们现在看到的样子。

现在的汽车前面安装了几种大灯，比如卤素大灯、氙气灯、雾灯，这些车灯都有各自的作用。卤素大灯已经广泛运用在汽车上，这种灯照明能力强，也不耗电，而且使用寿命长，换灯也十分方

便。另外一种灯叫作氙气灯，这种灯里面填充着惰性气体，十分省电，亮度也很大，缺点是费用比较高。不过在这两种灯以外还有一种不可或缺的有利助手，就是雾灯，这种灯在雨雾等能见度比较低的天气中发挥着巨大的作用，特别是黄色的雾灯有很好的透光性，所以能够发现远处来往的

车辆和行人，避免道路交通事故的发生。

　　当然，汽车不仅仅只有前面的灯，它的后脑勺上也是长了眼睛的——有很多灯在后面工作，比如制动灯和倒车灯。因为制动灯是提示后面的车子自己需要减速或者停车的，以防别的车给撞上来，所以是必不可少的部分。同时还有一种灯也很重要，这就是我们所说的倒车灯。在挂倒挡的时候它会透明，在黑夜中的穿透能力十分强。汽车有这么多的车灯，所以能在路上行进自如。

　　亲爱的小朋友们，当你和家人开车行驶在路上的时候，一定不要忘记这些车灯的功能哦！

车灯也有语言吗?

你了解这些特殊的语言的含义吗?现在就让我们一起去了解一下汽车的车灯语言吧!当你发现前面的车在绿灯都已经亮起的情况下举步不前时,也许是司机没有注意到呢,那就要赶紧提醒一下司机啦!这个时候,你可千万不要着急往前走,而是要学会闪一下大灯,这样司机就会反应过来!如果你发现邻近的车有些问题,比如有人露出一只手或者有货物跌落的情况,一定要学会连闪大灯三下,用这样的方式来提醒司机注意安全!如果你在后视镜里面看到后面的车跟得太紧,一定要学会闪一下刹车灯,这样后面的司机就能读懂你的要求,然后远离你的爱车啦!

有雾气的时候怎么办?

遇到有雾气的天气时,需要打开雾气灯,因为大灯在有雾的天气下,能见度十分低。而雾气灯是在特殊的环境下使用的,所以在有雾气的环境下,穿透力很强。但是在有雾气的时候不能频繁使用双闪,因为这样会造成故障而无法识别。不过这也正是雾气灯大显身手的时候啦!

汽车方向盘的来历

　　说起汽车的方向盘，大家都知道它是用来控制车的方向的，就和轮船上的舵是一个道理。当我们需要汽车前进、后退或者转弯的时候，都需要使用这个装置才能完成相应的指令。不过这个方向盘也不是汽车独有的"专利"，因为在火车上、轮船上，甚至飞机上也装载着方向盘呢！

　　它最初的操作装置，是一个杆状的物品，并不是圆形的，因为一次偶然的事故，使得工人发现使用弧形的操作杆，能够更方便地操作这个庞然大物，

所以就发明了弧形的操作杆，最后演变为圆形的。当然随着科技的进步，这个方向盘不仅能够操作汽车的前进与后退，还能够播放音乐、开启灯光、控制空调、进行通讯，甚至还能自动地反馈你的生物信息呢！

更先进的是，现代的方向盘的作用越来越大，附加的功能也越来越多了。比如说，方向盘内置有生物反馈的装置，可以放置生物反馈仪器，这样就能检测驾驶员的呼吸和心跳，一旦发生异常情况就可以停车并报警；方向盘内有酒精测试仪，这样可以通过驾驶员释放的二氧化碳气体中酒精含量来检测驾驶员的酒驾情况，一旦发生异常就可以锁住车辆并报警；方向盘也可以装置安全系统，一旦发生劫持车辆和偷盗事件就可以自动跟踪并反馈，这个方向盘甚至

能够自动识别驾驶员的基本生物和社会信息，一旦异常，就可以启动分检和跟踪设备并进行下一步的数据分析。

现代的方向盘可以设计为触摸型的，和传统的转盘式样的机械操作过程相比，这个方向盘的灵敏性更强，而且操作简单易行。要知道如果司机疲劳驾驶的话，该方向盘可以抖动提醒司机赶紧停车休息，同时提醒前后的车辆注意安全，如果司机情况危急还需要自动启动紧急情况报警装置。特别是凌晨4点到6点的时候，人是最容易疲倦的，是事故的高发时间段，在这个时间段里需要重点检测司机的精神状况。

原来小小的方向盘，本领还真的不小呢，要好好地保护好我们的方向盘啊！

方向盘都是圆形的吗?

我想小朋友们平时见到的方向盘都是圆形的吧?其实,并不是所有的方向盘都是圆形的哦,这是怎么一回事呢?原来这些不是圆形的方向盘都出现在赛车上。因为赛车对速度的要求十分高,所以需要把车子设计得很精巧,驾驶室内的空间十分狭小,所以方向盘不需要转一个圆圈就可以转一个圆周。同时这样的设计也能够很好地解决方向盘的重量问题,保证这个方向盘轻巧灵活,减轻赛车自身的重量。

方向盘上能放小物品吗?

随着时代的发展,汽车越来越多地走进了千家万户,而女司机也越来越多。有些年轻的女司机很爱美,喜欢在方向盘上放置很多小装饰品,比如香水或者小玩具等等,但是实际上这是非常有害的。因为方向盘的空间十分有限,这些东西有可能影响操作,在刹车或者经历猛烈撞击的时候还会导致二次伤害,所以说方向盘上是不能放置任何东西的。

汽车都是靠右行驶的吗?

亲爱的小朋友们，当你们乘坐交通工具前往目的地的时候，我想你们会十分开心吧！不过你们注意到了吗，不管是小汽车、公共大巴、观光旅游车，甚至是救护车或者救火车，几乎都是靠右行驶的，这到底是怎么回事呢，是不是在任何时间和地点，汽车都是要靠右行驶呢？

其实如果我们把目光投向世界各地就会知道，并不是每一个国家的汽车都是靠右行驶的，有一些岛国或者半岛国家，如

英国、印尼、泰国、印度、新西兰等地，国家的法律都是规定汽车靠左侧行驶的，这些国家的汽车也是按照左侧行驶的交通规则设计的，驾驶室和方向盘都在右边，车后的乘客席位和刹车系统也做了相应的调整和改进。

现在汽车靠右行的国家比汽车靠左行的国家多很多，但是曾经靠左行却是历史上风靡各地的交通规则。按照英国本土的说法，这个规矩来源于古罗马的骑士风格，因为那个时候人们习惯左脚先登马，然后再翻身上马的。而且骑士们需要右手持武器左手持盾牌，所以靠左行也是情理之中的事情。

还有一种奇怪的说法，认为左行制度源于水上航行。在没有汽车之前，主要的交通工具是轮船，英国的船只都是向着左侧行驶的，那是来源于太阳的方向。因为泰晤士水的特殊地理位置，人们习惯了"上北、下南、左西、右东"看地图的方式，政府也根据大家的习惯规定左侧通行原则。

实行右行规则，其实还是归功于拿破仑的功劳，是他的铁血政策让这个新的规则延续了下来。因为传统的左行制度意味

着身份和特权，这是战争所不能容忍的，所以从那个时候起就开始右侧行驶啦！要知道现在全世界范围内已经有大约90%的国家是靠右行驶的，说不定等到某一天整个世界都会统一使用右行规则呢！

其实我们国家最早的汽车也是从英国引进来的，也是靠着左侧行驶的，不过后来，1945年抗战胜利

后，随着美国产品的大量入侵，从1946年1月1号开始，国家统一规定汽车都要靠着右侧行驶。另外，根据各种实验显示，在双手紧握方向盘的情况下，人的本能就会让人在遭遇危险的时候，向右侧转动方向盘，所以将汽车设计为右侧行驶是合情合理的。据说这个发现，还和大多数人都是右利手有关，甚至还有人提到，即使在子宫里面躺着的胎儿，也是大多数向右侧躺着呢！

像杯子那样的汽车刹车系统

汽车在路面行驶的时候，它的制动系统性能实在是太重要了！想象一下，如果汽车的动力不足，汽车在马路上"举步不前"，该是多么尴尬的事情；如果汽车动力很足但是却不听使唤，在路上横冲直撞，又是多么令人害怕的事情；要是你想汽车刹车的时候，它偏偏不听使唤，那你一定会很郁闷吧？

现在，让我们一起来回忆一下世界上的第一起车祸，那个

只有三个轮子的汽车，也是因为刹车系统不灵活而导致车祸的。后来，为了能够很好地改进这个刹车系统，不少人前仆后继地进行了各种科研和发明创造，总算彻底改进了这个系统，奇怪的是在汽车里面，刹车和油门系统，都是装在一起的，便于司机操作，就好像左右臂膀一样，司机也靠自己的左右脚来操作这两个关键部位呢！

要知道，制动系统的功劳可不是说着玩的，需要能够快速地反映驾驶员的操作，同时在各种道路条件下，比如雨天、坡道、颠簸的状态下能够准确刹车，而且即使在下坡路上，如果情况紧急，也能很好地制动。一般情况下，比较小的汽车都是使用油泵助力系统，设计娇小而灵活；而公交车或者油罐车采用的是气泵动力系统，这个系统的优势是力量比较大。不过我们也要知道，如果没有启动发动机的话，即使驾驶员用尽

全力，也不能将刹车的踏板踩到底。

其实，现在的制动系统，和过去的系统是不一样的。过去的控制装置中，经常使用的齿轮和杠杆，已经早就被电气装置取代，所以我们现在的刹车系统就更加灵活啦！

最后，我们一起来了解几种常见的刹车原理吧！

第一种原理叫作鼓式刹车，这个刹车原理就好像你把手放在一个旋转的玻璃杯子里面，然后用你的五个手指来控制杯子的旋转；第二种原理和第一种差不多，只不过刹车的形状就好像一个碟子，同样需要用手指来控制碟子的旋转，这就是我们所说的碟式原理；第三种原理就是我们的盘式刹车系统，这个系统的工作原理比较复杂，在这里就不详述了。如果小朋友有兴趣的话，可以上网去查资料或者请教一下爸爸妈妈。

大汽车的小鞋子

　　我们都知道，外出需要穿上鞋子，鞋子不仅能保暖，还能保护我们脚不受伤害。平时我们对这些鞋子也会爱护有加，不仅会清洗这些鞋子，遇到天气不好的时候还会换上功能性的鞋子，比如雨鞋。要知道，汽车其实也是需要穿上鞋子的，这些鞋子能保护汽车，让汽车安全地在公路上行驶，现在就让我们一起去看看汽车的鞋子吧！

　　汽车的鞋子圆圆的，是橡胶做的，看起来很威风。大多数的时候，汽车有四个轮胎，也有的货车比如运输车，会有几十个轮胎，平时四个轮胎的车子为了防止意外，也往

往会在车身后面挂上一个备用的轮胎，这样一来，不管车子走到哪里都不怕爆胎啦！不过不知道你注意到没有，不同的汽车穿的鞋子是不一样的，有的大小不一样，有的花纹不一样，还有的前后轮穿的也不一样呢！

现在我们来认识一下汽车的鞋子吧，那可得从我们小时候骑过的自行车说起啦！要是车胎没气了，你骑在上面是不是特别费力？而且不小心就碰到石头，屁股就会弄得生疼呢！所以我们平时都会检查自行车的车胎是否有足够的气体，如果没气的话，需要补充一定的气体才能行驶。不过任何事情都有两面性，轮胎中的气体多了其实也不好，因为这样的话，不仅骑在上面不稳当，而且在天气很热的情况下，还很容易爆胎呢！汽车的轮胎也是这个道理，我们会通过测定胎压的方式来评价这个轮胎的气体容量，因为适当的气体容量可以帮助汽车轻松地行驶在路上，如果胎压不当，就有车毁人亡的危险！

别看汽车的轮胎看起来傻头傻脑的，实际上却是安全行车的灵魂所在。想象一下，如果汽车行驶在公路上，轮

胎却爆胎了，那么车子可就寸步难行啦！汽车爆胎的情况时有发生，为了能够减少道路交通事故的发生，就需要对车胎的安全性采取一些改进措施。最初的车轮并不是用橡胶做的，而是用木头或者钢铁做的，这些车轮的耐磨性并不理想，即使是钢铁的轮子，因为技术上的一些缺陷也不能够很好地使用。这些"毛病"促使人们去找到解决问题的好办法。

事情大约在600多年前出现了转机。探险家哥伦布在到达海地岛的时候，发现当地的小孩子正在玩一种结成硬块的橡胶玩具，这引起了他的好奇心。哥伦布把这个奇怪的黑色玩具带回了欧洲，经过大量实验后终于用这种橡胶制成了轮胎。不过最初的轮胎是实心的，行走的时候要和路面硬碰硬，所以摩擦起

来吱吱作响，没多少弹力，而且行走不了多少时间，就需要更换轮胎，造价十分昂贵，如何改进这种轮胎就成了当务之急。幸运的是，到了1845年，英格兰的一个技术工程师汤姆生，发明了一种空心的轮胎，不过这种轮胎在蒸汽汽车上运用并不广泛，所以很多时候都是在市区内行驶，实际使用量是很小的。

又过了40多年，一位伟大的父亲从三轮自行车上得到了启示，发明了空心的轮胎，很快运用到两轮自行车上，随后被用于汽车的轮胎上。从此，空心轮胎大行其道，汽车工业也快速地发展起来啦！这个伟大的父亲叫邓禄普，这个牌子的轮

胎就叫作邓禄普牌轮胎。

现在就让我们再来看看轮胎上的花纹吧！如果你仔细地看看泥土路面就会发现，地上会留下各种各样轮胎走过的花纹印迹，要知道福尔摩斯就是根据这些原理来判断案件的真实性的！不过你要是仔细看看，就会发现这些轮胎走过的花纹印迹真的不一样呢，其实我们的鞋底走过的印迹也是不一样的，所以警察叔叔就会根据这些遗留在现场的脚印，将坏人揪出来"绳之以法"呢！

可是，这些刻在轮胎上的花纹，究竟有什么用呢？难道是一种特殊的装饰吗？你要这么想也有一定的道理，不过其功能性的作用才是这些轮

胎花纹最主要的用途。要知道，轮胎行进的时候在地面上是有摩擦力的，摩擦力越小，地面就越滑；摩擦力越大，地面就越平稳。想想你平时穿的鞋子也是这个道理的，新鞋子的花纹比较深，这样的话走路就不容易滑倒，等穿了一段时间后，鞋子的花纹就浅了，就很容易滑倒！

　　不过有的汽车轮胎是没有花纹的，比如赛车的轮胎。如果你是汽车迷的话就会注意到，每年的F1赛车都会吸引很多的赛车迷前来观看，这样就形成了一个巨大的产业链条。不知道你注意到了没有，这些汽车的比赛都会有不断更换轮胎的

细节。为什么这些轮胎这么容易坏呢？很大的原因就是这些轮胎上是没有花纹的，所以我们也形象地称其为"光头胎"，不过在1998年的赛事上，是禁止使用光头胎的，原因是虽然这样的轮胎因为摩擦力比较小，速度更加快，但是却诱发了很多事故。可是赛车运动本身玩的就是刺激，是速度和力量的盛会，所以经过多次呼吁以后，到了2009年，又重新使用了光头胎，这样一来，我们就可以体验到赛车的速度与激情啦！

不过使用这些光头胎也不见得都是坏处，因为这些光头胎是整个表面都和地面进行接触的，所以说和地面上的接触面比较大，这样一来就增大了轮胎表面的机械抓力，在弯道行驶的时候比较安全。

不过也有些轮胎还是有花纹的，这些都是为了排水而专门设计的，比如我们说的半雨胎、雨胎和中性胎。当赛道上有水的时候，就必须使用有坑道纹路的车胎，因为水需要从这些地方排出来，不过因为比赛的时候也不是一直降雨不断，所以这些轮胎也是提前准备的，等到需要的时候才能换上——这也是车迷们在赛道上经常能够看到机械师换轮胎的原因。

最后，让我们一起去见证一下无内胎轮胎的风采吧！我们知道，现在的轮胎多数是填充了空气的，但是其实这些轮胎还会按照功能被分为有内胎轮胎和无内胎轮胎两个品种。这又是怎么回事呢？其实我们简单地说，无内胎轮胎也称真空胎，不过这种轮胎并不是没有内胎，而是用一层密封膜紧紧地贴在轮

胎的内部而已。这种轮胎的产生，还是科技进步的成果呢！

在过去的日子里，因为没有这样的空心胎设计，所以遇到汽车轮胎被钉子或者玻璃扎破的时候，整个车胎就扁扁的啦！没有了空气的车胎行走在路上，汽车就好像一个瘸了腿的跛子，随时都有安全隐患，而司机却不见得能够第一时间知道险情，以至于在行进中发生重大的交通事故呢！不过有了这个新发明，即使车胎遭遇到了一些危险状况，车子还是可以不断地密封好这个出口，继续安全地前行，直到开到修理厂再更换车胎也不成问题。这个道理也可以从气球上得到印证，如果你在气球的内部涂上一层弹性胶水，即使你把气球的表面扎破了，弹力胶水会自动地捕捉到这个缺口，自动填充后，气球里面的空气就不会泄露出来，这也是车胎被扎破后不漏气的原因呢！

汽车的嘴巴会说话

　　生活中的很多发现，都是来源于我们的耳朵。比如我们能够听见小鸟的欢叫，能够听见孩子们的欢笑，能够听见哨子的响声，也能听见警察叔叔爽朗的笑声。要知道，在汽车家族里面，汽车也是有嘴巴会说话的呢！你听，轰隆隆的是汽车的行进声，嘀嘀嘀的是汽车的喇叭声，吱吱吱的是汽车尖锐的刹车声……原来汽车的世界，也是如此的精彩呢！

　　汽车的喇叭是汽车的音响信号装置，在汽

车行进的过程中，驾驶员必须按照交通规则发出一定的声音信号，引起行人或者其他车辆的注意，在路面上安全地行驶。驾驶员之间也靠这些信号来进行交流。现在就让我们一起来看看汽车喇叭声的含义吧！

汽车的喇叭声有长有短，都是人为控制的。总的说来，常见的有四种语言：短嘀声用于司机之间的问候，表达着礼貌和谢意，也用于对行人之间的提醒；两声嘀嘀声则用于让路的情况，此时也是一种友好的表现，是来自司机朋友的问候；如果是三声嘀嘀嘀声，就是一种超车的信号啦，通常都在行人较少、路况比较好的情况下使用；还有一种就是长嘀声，是提醒这里的人注意或者让道，在紧急的情况下也表示让人闪开，避

让车辆。

　　汽车的喇叭分为气喇叭和电喇叭，这些喇叭又分为各种形状，有单线的，也有双线的，一般都是螺旋形、盆子形或者筒形的。其实说起来，汽车喇叭并不是随着汽车的出现而出现的，而是时代进步的产物，因为最初的汽车速度十分缓慢，根本就不需要按喇叭呢！

　　据说喇叭的创意，来源于中国的唢呐，而最初的喇叭居然是橡皮做的，一按下去就会发出嘎嘎嘎的声音。后来经过改进，美国人发明了电喇叭，通电后就发出了单调、尖锐的叫声，不久又发

明了气喇叭，这种喇叭中间填充着很多压缩的空气，声音十分高亢，穿透力很强，在长途汽车上用得很多。不过随着喇叭越来越多的使用，造成了喇叭产生的声音污染。要是每一个司机都按一下喇叭，周围的居民就会受不了啦！所以科技创造进步，这样一来，人类又发明了晶体管的喇叭，这些喇叭会产生电子音乐，听起来就没那么刺耳啦！

值得注意的是，喇叭一般情况下不能连续按超过10秒，否则就会引起燃烧。喇叭并不是在每一个地方都可以使用的，比如说在学校、医院或者是居民聚居区内，就不能按喇叭，以免干扰了正常的休息和工作。面对动物也一定不能按喇叭，而是要让它们顺利地通过马路，否则不仅对牛弹琴起不到什么好的作用，还可能因为惊扰了动物而让它们产生攻击性，这样一来，后果就很严重啦！

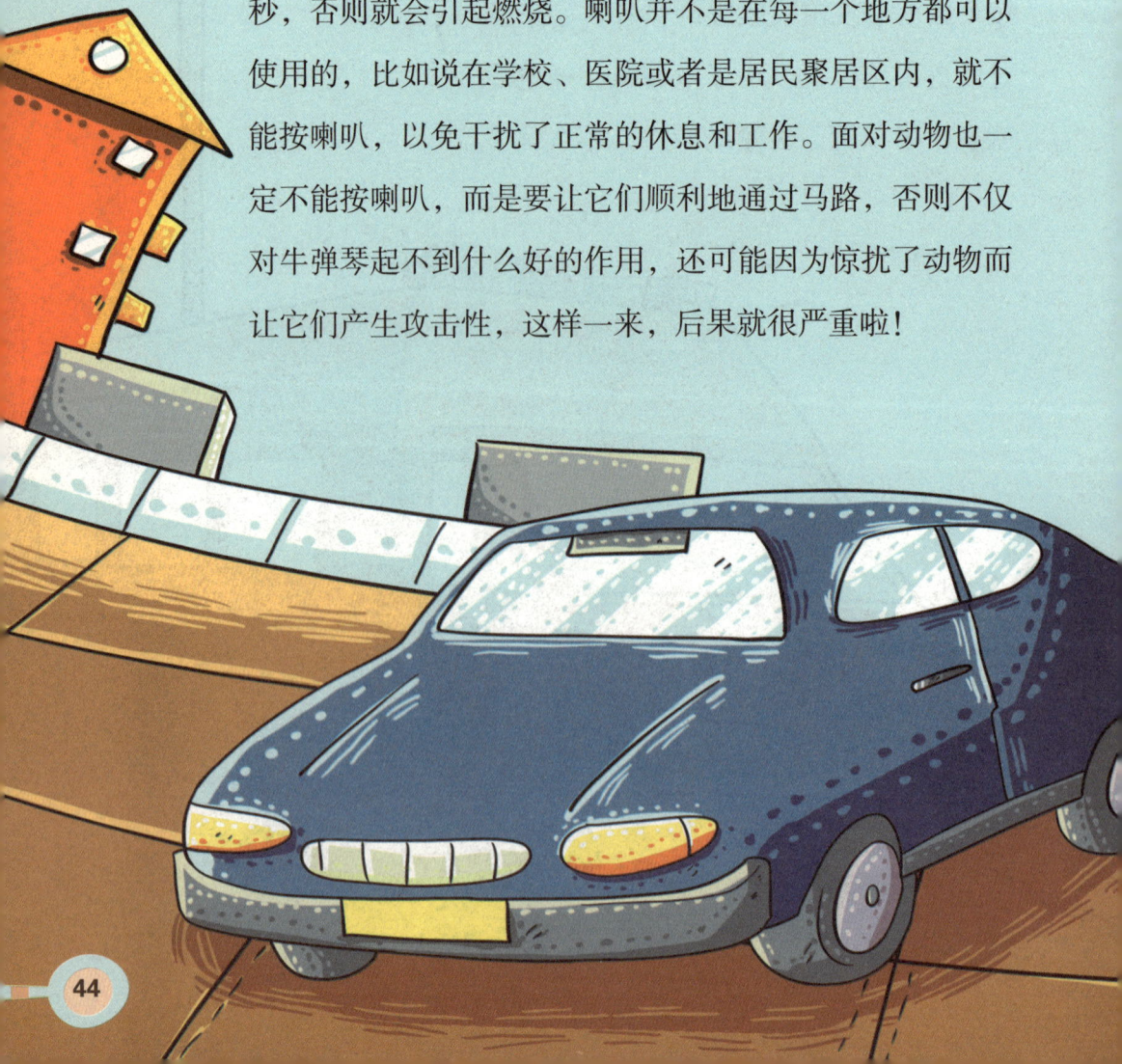

神奇的车钥匙

俗话说，一把钥匙开一把锁，如果汽车被锁住了，任凭你怎么推怎么拉，也寸步难行吧？汽车的车钥匙虽然很小，但是却是汽车的灵魂。小小的车钥匙也经历过几次发展，从最传统的钥匙，到电子钥匙，到智能钥匙，车钥匙的每一次变化，都体现着人类科技进步的力量。现在，就让我们一起去看看这些神奇的钥匙吧！

现在让我们回忆一下在没有汽车之前，我们使用的自行车。最初的自行车是没有锁的，但是后

来的自行车都有锁啦，每个自行车都有专门的车钥匙呢！后来汽车工业有了发展，各种各样的汽车也被生产出来并走进了千家万户，而汽车是家庭的重要财产，所以汽车的安全是十分重要的。最初的钥匙是必须要插进锁芯里面才能够启动和关闭汽车的，这些钥匙的防盗性很差，不过现在只需要在离车几米远的地方启动车辆就可以啦。要知道，车钥匙还负担有打火的功能，只要车钥匙进入了工作状态，整辆车就启动啦！

　　随着钥匙的发展，钥匙引发的问题也不断地出现，比如说

如果你找不到车钥匙了怎么办？如果你的钥匙弄错了，车辆被锁住了怎么办？不过，现在这些问题都能够得到解决，因为现在我们使用的钥匙有自动识别的功能，可以根据我们的生物特性进行识别，比如我们的指纹或者角膜。这些"钥匙"因为长在我们身上，所以我们走到哪里就会带到哪里，永远都不会丢掉的。

在这个讲究个性的时代，科学家给这个神奇的车钥匙增设了不少延伸功能。比如酒精测试功能，在启动车辆之前，钥匙会自动地提取到驾驶员的酒精含量指数，这样一来只要超过了法定标准，汽车就无法启动，车辆自然无法行走，那就不用麻烦交警叔叔成天在灰尘满天的大马路上辛苦地查车啦！同时，现在还可以为消费者量身定做个性化的钥匙，这些钥匙和车主信息绑定在一起，不仅可以按照车主的头像和身材进行制作，还可以录入车主的基本信息，一旦发生任何意外，不但可以自动报警，还可以提取到车主的相关信息

呢!

　　现在的设计精度越来越高，钥匙的本事也越来越大，有的钥匙有强大的感应功能，只要你进入了感应区就可以自动开启车辆，不需要进行插卡识别；有的钥匙能够自动变速，如果你在公路上超速了，钥匙可以连接车载的电脑操作系统进行自动变速；如果发现司机的生物学因素异常，比如呼吸或者心跳暂停，会变更为自动驾驶功能并立即报警，然后在指挥中心的要求下直接驶向救护站。

汽车是怎样做出来的？

现在，汽车已经是我们生活中的必需品了，这些大大小小的车辆，行驶在城市和乡村的大街小巷，运送着行人和货物，传递着各种社会化的信息和生活方式。但是，亲爱的小朋友，你知道汽车是怎么做出来的吗？

要想做出汽车，就得有做出汽车的想法，还得经过科学

的验证来证实这个想法是合情合理的。有的时候，一些曾经觉得不可思议的想法，会在经过了一段时间后变得司空见惯并被人接受。比如说，曾经给汽车装上喇叭的想法被认为是多此一举，但是现在没有喇叭可就不是一辆完整的车啦！再如，曾经的车子是没有后备厢的，因为觉得要花很多材料做这个空箱子是很不经济的想法，但是现在的汽车几乎都有后备厢，而这个大箱子也成了家庭运送物资的好帮手。为了能够有合情合理的想法，我们需要写下自己的想法，然后给这些想法配上插图，并且需要计算一下这些想法是否能够变成现实，最后再写一个实现这个计划的

步骤和时间表。

要知道，汽车都是在工厂里面做成的，所以我们需要建立制造汽车的工厂，在这个工厂里面有很多部门，而汽车的零件都是按照设计的要求一点点地在流水线上制作出来的。有的汽车零件的精度很高，稍微误差一点就不能再使用啦，所以现在很多零件都是由机器人来生产的。这些零件会按照生产的流程一点点地汇集起来，然后分门别类地组装起来，这样就成了一辆完整的汽车。值得注意的是，一辆汽车的零件可能是来自各个地方的，比如发动机可能来源于德国，车门是在日本做的，汽车的座椅可能是马来西亚生产的，而坐垫却可能来自印度。

不过车子组装好了，要行驶在马路上却没那么简单。因为汽车的安全性是十分重要的，所以每一辆车在出厂之前都会经过一系列严格的实验，等到通过了各种实验才

能进入到销售渠道，而即使已经到了消费者手中的汽车，一旦发现重大安全隐患都会被无条件地召回。同时，在汽车的各个环节中都会不断地抽检质量问题，而整辆车也会抽取一定的比例进行苛刻的实验，比如高处坠落实验、撞击实验、燃烧实验等等，这些实验能够保证车子的质量，同时也能保证我们使用的时候性能的安全性和稳定性。

在汽车出厂之前，厂家会为汽车贴上标签，并且编上号码，这些铁制的标签会表明汽车的出厂商，而号码会刻写在汽车的发动机上。这些东西就好像一出生就被录入指纹似的，一直都跟随着汽车的一生，无论你去哪个正规的修理厂，每一次

修理都会有相关的记录，并且还有相关人的签字。这样一来，即使车辆被盗，根据发动机的号码也能把车找回来！

亲爱的小朋友，你现在知道汽车是怎么做出来了吧？那么，就请你在心爱的汽车面前合影留念，纪念这个特别的汽车文化吧！要知道，随着汽车越来越多，汽车沙龙、汽车爱好者、汽车文化群、汽车朋友……也会随之增加，也许你们自己就是其中的一员，或者在不久的将来也会成为其中的一员呢！

世界上第一条汽车生产线在哪里？

我们知道，汽车都是从流水线上生产出来的，世界上第一条汽车流水线是美国1913年的福特公司流水线，这条流水线出现在底特律，这也是当今著名的汽车城。这条流水线具有跨时代的意义，因为首次实现了汽车的流水线生产，在这里，仅仅一个半小时就可以生产出一辆汽车。

世界上最大的汽车帝国在哪里？

随着汽车工业的发展，汽车帝国也随之产生，在欧洲，汽车工业十分发达，保时捷自从收购大众集团以后，变成了十分强大的汽车帝国。这个新产生的公司，将成为欧洲最大的汽车公司。现在的大众汽车是世界上最大的汽车生产企业，创始人是著名的汽车设计师波尔舍，在世界各地都有跨国生产的集团。据统计，德国的大众汽车大约每年生产一百万辆。

混凝土车为什么会边走边转呢？

现在，混凝土车这个闪亮的明星登场啦！这种汽车的体型比较大，有一个巨大的方正脑袋，还有十分厚实的轮胎，而且颜色艳丽美观，不过它最引人注目的地方还是那个巨大的搅拌罐子，看起来就好像一个巨大的田螺壳，也有点像蜗牛。可是这个会走路的田螺，为什么后面那个大壳子要边走边转呢？

原来这种车辆是专门为运输混凝土设计的，罐子里面装载的就是预先配置好的水泥沙石等物品，这些建筑房子的必备材料，需要按照一定的比例在规定的地方配置成功，然后再被运

输到工地上。可是这些混凝土是没有耐心的家伙，如果不搅拌它们的话，过一段时间后就会变得硬邦邦的，所以需要在运输的过程中不断地搅拌它们，让它们保持基本的性能，这样才能为我们所用，而不是在运输过程中凝固起来变成废品。

混凝土车通过动力系统传给液压轴，然后通过这个固体装置传给液压泵，液压马达会将这个能量传递到搅拌罐上，通过调节实现装料、搅拌和出料的过程。这个运送混凝土的车子看起来很威风，它的性能也很好，要不然怎么还能一边搅拌着这些沉甸甸的混凝土一边跑得飞快呢？这些车辆因为经常在马路上发生交通事故，所以被称为"马路杀手"，不过现在的混凝土车的动力系统和刹车系统都做了改进，所以性能更加的优

越，安全性也更好啦！

　　由于混凝土车的奇怪外形，被一些人戏称为"田螺车"，不过要保护这个田螺壳还是需要一些功夫的，因为这些混凝土会在罐子里面凝固，所以每次完成运送任务后就需要好好地清理这个田螺壳，要不然的话，这些混凝土在罐子里面越来越多，以后能装进去的水泥就越来越少啦！不过话说回来，很多的运输工具都需要及时清理，比如船只，就需要在甲板下涂一层避免生物附着的膜，这样的话，那些小贝壳小水草之类的生物就不能在上面安家落户了，如果这些调皮捣蛋的家伙不请自到，也需要在结束航行后清理一下这些不速之客，要不它们快速繁殖起来，对轮船的影响就大啦！

油罐车的尾巴真奇怪

在马路上行驶着一种奇怪的车辆，这些车辆看起来就好像和尚那样有个特别大的大肚子，人们称之为油罐车。油罐车的体型比较大，底盘高高的，车头方头方脑的，在路面上呼啸前行的时候，惊起一片灰尘。油罐车是用来运送石油制品的，这些石油制品的脾气十分暴躁，遇到不舒服的环境就会大发雷霆，不但会造成汽车本身的爆炸，车毁人亡，还会对周围的建筑物造成毁灭性的打击，如果油罐车不幸在加油站附近爆炸的

严禁烟火

话，还需要对周围的群众紧急疏散、阻断交通、关闭天然气管道……同时还需要对爆炸物进行排爆处置，否则对环境的伤害和人身的伤害都很大。

因为油罐车实在不是好惹的，所以这种车辆在设计的时候会特别注重它的安全性。它的那个大油罐需要精心设计，整个罐体的材质由一种特殊的碳钢制作而成，同时添加了一些特殊的物质，比如特定的不锈钢或者铝制合金，甚至包括纯铝制品，用来保证这个罐体能够很好地保护石油制品，同时罐体本身经济耐用。油罐车会随车配备专用的灭火器，一旦发生小的火星就需要立刻把它扑灭，防止火势扩散。如果你注意观察的话，就会发现油罐车在车身后面，拖着一条巨大的铁制尾巴，车子走到哪里，这条"讨厌"的尾巴就被拖到哪里。是因为司机叔叔粗心，才把这个尾巴给丢到地上的吗？其实，油罐车的这条尾巴还真的是必不可少呢。

因为油罐车在行进的过程中不断地产生摩擦，这

些摩擦会产生静电，当静电累积到一定的程度时，就会发生爆炸。所以为了避免静电这个"危险分子"的困扰，需要让它们各就各位，并用铁的链条将它们导入地下，这样它们就失去了表现的土壤，不得不乖乖地跑到地底下去啦！要知道，油罐车在加油或者放油的过程中，这条"尾巴"还不得不放到潮湿的地面上呢！

要驾驶油罐车还需要很多特殊的安全措施，比如油罐车还

灭火器

严禁烟火

需要有避电杆，这样可以防止汽车在行进的过程中遭遇雷击的危险。油罐车很害怕导体，所以油罐车的工作人员不能穿有铁钉的鞋子，随身物件也需要尽量少用金属制品。油罐车是个怕热的家伙，所以一般情况下都会在阴凉的环境下停放，如果天气过于炎热，最好不要安排油罐车出行，特别是不能长时间的运输。另外，油罐车附近是绝对禁止火源的，即使因为天气寒冷油罐车被冻住了，也不能够用加热的方式取暖。

因为油罐车特殊的安全要求，它大多数时候都是在夜深人静的时候悄悄地行驶在路面上的，所以大白天的时候你不大可能看得见它们的身影。不过如果你有兴趣的话，可以在晚上人和车都比较少的时候去公路上看看呼啸而过的

危险品

油罐车。当然，随着越来越多的石油通过运输管道走进千家万户，以后这样的车辆会越来越珍贵的！

平板运输车的威力可真大

在公路上还行走着一种庞然大物，就是我们所说的平板运输车啦！这些车辆看起来有火车的车厢那么长，下面都是密密麻麻的轮子，就好像蜈蚣的脚一般，比我们常见的四轮汽车的轮子多得多！这种车子的后面车厢都是开放式的，所有的货物都放在这块巨大的板子上，不仅那些不能拆卸的机器如挖掘机或者收割机能够放上去，连小汽车也能放上去，甚至还能在上面密密麻麻地放上两层汽车呢！就从这么一点来看这个巨大的车子的威力可真不小啊！

现在平板运输车呼啸着开到了我们的面前。它不仅有巨大的车头，非凡的动力和制动系统，还有一个功能齐备的驾驶室呢。这个驾驶室内有灵敏

的通讯设备，GPS定位系统，生活支持系统的配备，看起来真的是琳琅满目啊！可是为什么驾驶室内还有基本的生活用品呢？因为这种车辆一般都是用于长途运输的，所以车上会有两个司机，一个司机工作的时候，另外一个司机就要在驾驶室里面休息，所以里面的座椅能够放下来，这也就见怪不怪啦！

汽车都是限定重量的，这样一来，车上能够装多少重量的货物都是需要符合设计要求的，如果超过了设计的重量，在路上的时候因为不能准确地启动和刹车，就会造成各种道路交通事故。因为很多货车装载的重量都超过了预期的重量，上路后十分不安全。而一旦有了平板运输车这个大家伙后，就能很好地解决这个问题了，因为这个家伙可以负

重30吨呢！在此需要说明的是，要给这个大家伙量体重，还需要一个巨大的地磅才能实现呢！

　　这个巨大的家伙，其实很能体现出科技进步的力量。因为需要装载很多的物品，所以许多功能都是新开发的。比如传统的汽车轮胎都是空心的，上路之前司机会检查胎内的压力，保证里面有足够的空气，但是又不能太多，压力太大车辆会很颠簸，而且在温度很高的时候容易爆胎。不过平板运输车因为总是承担着运送"重量级"货物的任务，所以轮胎需

要在承担很大压力的情况下高速运转，在这样的情况下，轮胎做成了实心的状态，不仅能够解决受力的问题，还能够增长使用寿命，同时也能够减轻颠簸，最大限度地保护车辆本身和运送的货物，同时也能保护道路的安全。由于车辆本身特别长，所以对连接处的设备要求很高，这些设备都需要经过特殊的加工，材料主要都是新型的合金材料，承重能力很好，并且坚固耐用，因为要是这些东西经不起折腾，一旦抛锚就惨啦，那这个巨大的家伙就只能趴在公路上了。

洒水车的歌声真好听

　　"一闪一闪亮晶晶，满天
都是小星星"，随着悦耳
的歌声，洒水车缓慢地
出现在了我们的眼前。
洒水车胖乎乎的，背上驮着一个巨大的
水罐，看起来有点像油罐车，车头很大，底盘低得就好像
要贴着地一样。洒水车的脑袋和身子上都有几个巨大的吸
盘，这方便它通过这些"胃口"很大的嘴巴将这些污染物

吸到肚子里面去。洒水车还有几个喷头，这样一来就可以按照我们的需要将水喷到路面上来，将我们的大马路清洗得干干净净啦！

洒水车又称为喷洒车，是一种用途特殊的功能性车辆。这种车最突出的特点就是装载了一个巨大的水罐，水罐中存储的水大部分时候都是消防管道里面的自来水，但是有的时候也会按照一定的比例加入杀虫剂，这样就可以给绿化带的花草喷洒农药，进行定期的养护工作啦！要知道洒水车的喷头方向是可以调节的，做起这些事情还真的是很便利啊！

平时我们早晨去上班或者上学的时候，道路上都比较拥堵，所以为了能够保持交通畅通，这些洒水车一般不会出现在

路面上。等到晚上下了班以后，这些洒水车才开始上班，这就苦了这些开洒水车的司机啦，因为他们工作的时间很晚，清理完路面后，还需要回到车队对车辆进行每天的日常保养和登记，工作十分辛苦。所以当他们开着洒水车在路面上行走的时候，你一定要提前避让，不要因为这些水弄脏了你的鞋或者衣服就觉得很生气。

有人也许会有这样的疑问，这些洒水车边走边吸附垃圾，难道这些被它吞进肚子里面的垃圾就漂浮在水中吗？其实这样的担心是多余的，因为洒水车的垃圾箱和水箱是分开的，所以这些垃圾进去以后就会进入自己的通道，怎么会进入到水箱里面去呢？

防弹汽车的魔力

　　喜爱看动画片或者动作片的小朋友都知道，当我们的汽车在公路上行驶时，遇到了强烈的撞击就无法前行，车辆本身会破碎，车内乘客的人身安全就会受到威胁，甚至车子会发

生漏油、燃烧或者爆炸，不仅车辆本身损伤严重，甚至还阻断交通，对附近的行人、建筑物和公共设施造成一定的损害。那么有没有一种神奇的汽车，能够刀砍不破、枪打不进、遇到撞击不惧怕，从高处跌落依旧前行呢？现在，就让我们见证一下防弹汽车的神奇功力吧！

作为防弹汽车，最重要的功能就是防弹，让这个车辆"刀枪不入"。不过真的要实现这个目标，绝对不是仅仅加厚一层玻璃或者将车身换一种钢板就能解决问题的，而是在于各个领域之间的倾力合作。在这辆车上，不仅仅体现了绝佳的安全性，也体现了科技"以人为本"的力量，需要在材料、电子、通讯、机械等各个领域通力合作，才能实现安全目标。用于演出和展示的防弹汽车，需要有美丽的外观和流线型的车身设计；用于重要安保功能的防弹汽车，还需要装载一些防御性的武器呢！

如果防弹汽车不能满足使用者的所有需求，还可以再装载个性化的附加功能，比如电子对抗设备、主动攻击装置、被动保护装置、特定通讯设备……这些秘密武器可以让这个防弹汽车坚不可摧，同时来无影去无踪，甚至还可以有顶级的音响设备，可以升降的椅子，甚至还有人体模型呢！

防弹汽车的产量比较小，一般都是按需要定制的，所以会按照客户的要求进行定制和改装。大多数防弹车辆都是按照男性的要求定制的，所以一般都是黑色，到目前为止还没有专门为女性定制的女款防弹汽车。不过随着顶级安保的要求

不断攀升，防弹汽车也会越来越多地满足特定的客户群体。

最后，让我们一起来分享一下防弹汽车的伟大功绩吧！格鲁吉亚总统谢瓦尔德纳泽的豪华防弹汽车，就曾经帮助这个伟大的元首死里逃生。两年后，恐怖分子再次袭击了他，幸运的是，在被三枚火箭弹都直接命中车身的情况下，司机依旧成功地使用这辆防弹汽车将总统送回了安全区域。看来，防弹汽车的功劳真是不小啊！

电子对抗技术是什么技术？

电子对抗技术是随着科技进步而产生的新型的对抗技术，与传统的刀光剑影相比，这是一个没有硝烟的战场。敌对双方从过去的血与火的较量，转变为电子器材和设备的竞争。一方面，在这些对抗中要使用良好的电子设备来实现我们的预期目标，另一方面也要使用一些干扰设备使得对方的电子设备不能正常运转，所以这又被称为"电子战"。电子对抗技术的活动领域比较宽泛，比如对抗侦查、对抗干扰、对抗防御、反辐射、反核爆等技术都少不了电子设备的踪影。电子对抗技术需要对自己设备进行识别、监听、定位、信号处理……也需要对对方技术进行反监听、反识别、反干扰……另外还要考虑系统的兼容性和扩容性。

防弹背心真的能防子弹吗？

防弹背心是一种特殊的保护装置，主要运用于减少子弹的伤害，能够吸收子弹头，保护人体免受伤害。传统的防弹背心比较沉重，现代的防弹背心主要是软体、硬体和复合体综合设计，能够抵御一般的子弹穿透。新型的防弹背心大约只有三千克左右，便于日常穿着，内穿的时候隐匿性比较好。

不怕水的汽车

在泰国有一种不怕水的汽车，这种汽车就好像一个微型的潜水艇，周围都被各种玻璃密封得严严实实的，放置在展示台上的时候，看起来就好像一个宇航飞机。

小朋友们对这个新奇的事物十分好奇，有的小朋友担心这个新型家伙会不会进水，也有的小朋友觉得它可以飞起来。这个不怕水的汽车吸引了很多好奇的眼球呢！

　　说起来这个不怕水的汽车的研发计划，还有一段故事呢！泰国是一个水患很多的国家，由于居民居住的房子很多处于低洼地带，所以一旦发生水患便会造成大量的民众无家可归，甚至因为没有避难所引发瘟疫和暴动，这些基本需要催生了企业对不怕水的汽车的研发工作。泰国是一个巨大的组装工厂，很多著名的汽车企业比如丰田或者本田公司都在这里组装，这些企业的技术力量雄厚，在研发上投入了大量的人力物力，在研制满足群众需要的新型汽车方面势在必行。

　　传统的汽车进水后进气管就会进水，水阻断了汽车的发动机氧气通道，使发动机不能正常工作，一旦熄火，汽车就"动

弹不得"啦！如果积水比较深的话，整个汽车就会被淹没在水中，使车内的人无法逃生。如果在洪水中，汽车就可能被洪水冲击到各种河道或者城市的泄洪道上，作为障碍物阻塞水的消退，反而成为一个"负担"。而不怕水的汽车却一定不会遇到这些麻烦，因为它的密封性很好，所以即使在水中也能行进自如；它的动力系统不会因为受到水的影响而停止工作；它的通讯系统即使在环境十分恶劣的情况下依旧运行完好；它的安保设施也很完备，能够很好地保证车内人员的人身安全。

　　有人认为，这样神奇的汽车其实在20世纪中叶就已经出现啦！不过那个时候的汽车是船只的形状，叫作水陆两用车，能够装载很多武器，同时能够进入到沼泽等异常的环境中。这种汽车上不仅装有紧急逃生的装置，而且还有气动阀门，能够很好地调节空气的容量，使其在各种环境下都能够行走自如。亲爱的读者，看到这里你是不是觉得很神奇啊？要知道随着科技的发展，从前那些不能想象的东西，现在正越来越多地成为现实啊！

漂亮的甲壳虫车

在这个世界上，有一种汽车因为长相十分漂亮，吸引了很多的粉丝，这就是甲壳虫汽车和它的甲壳虫神话！这款车的眼睛圆溜溜的，闪闪发亮，就好像一个妩媚多情的少女。甲壳虫车的整个车身都非常圆润，你就是找遍整个车身也找不到任何一个尖锐的角，特别是那个浑圆而饱满的尾部，看起来真是太可爱啦！再加上它由内而外的贵族气质，实在是让人迷恋不已啊！

1938年的《纽约时报》认为这种车"像一只可爱的小甲壳虫"，立刻就唤起了一个巨大的"虫虫迷"队伍，大家都在翘首企盼这个甲壳虫能够早点现身。1939年这款新车一上市就成为大家的宠儿，从此喜爱它的人络绎不绝。这款车最初是平民车，在德国的销售势头非常好，后来逐渐地分化成了各个不同价位的系列。因为这辆车的造型实在是太可爱了，

所以无论这辆车走到哪里，"甲壳虫"的昵称都会如影相随，到了1967年以后，"甲壳虫"就正式成为了这款车的名字，而它最初的名字"大众1型"早已经被忘记啦！

甲壳虫从一开始被生产出来就风靡全球，销量十分可观。不到20年时间，第100万辆甲壳虫就款款走下了生产线。1967年，第1000万辆甲壳虫下线。随后的10年，又生产了1200万辆，这些数量十分庞大的甲壳虫车奔跑在世界各地，将甲壳虫和甲壳虫文化传递到世界的每一个角落。甲壳虫有独特的风冷汽油发动机，独特的声音就好像来自大自然中虫子求爱的呢哝，也许这正是甲壳虫车大受欢迎的原因。也有人说，正是因为甲壳虫车的迷人外观才引起了很多人的喜爱，这些美丽的虫子有着独特的魅力。直

到现在，能够收集一辆古老的甲壳虫老爷车，仍旧是一种值得炫耀的珍藏。迄今为止，甲壳虫车是自从汽车工业发展以来数量最多的一款车，大约累计有2500万辆。

最初的甲壳虫车是一款平民轿车，不过在发展的过程中，时代赋予了这辆车新的含义。随着时光的推移，甲壳虫车的配置越来越高，也逐渐地走上了贵族化的道路，现在的甲壳虫车已经算是一种体现身份和地位的奢侈品啦！20世纪的最后一年，甲壳虫车重新在车展上亮相，不仅保留了原有的流线型的外观，也增加了很多高科技的元素。

在老一辈的眼里，甲壳虫车已经变了味道，但是在新甲壳虫迷的眼里，这才是真正的甲壳虫车。

开着房车走世界

　　房车是人们眼中的"车轮上的家"，这种车就好像给我们的房子装上了轮子，可以拖着这个家走遍世界各地，当然本质上还是一种汽车。房车普遍都体型比较大，大部分房车的外观都有点像货车，但造价比货车贵多啦！它在舒适度和功能性方面深受人们喜爱。这种车子只要有路就可以走，随意地停在草地、森林、湖泊、公路边上，实现你"生活中旅行、旅行中生活"的梦想。车内有卧室，里面有床和一应俱全的各种用具，可以配备高级的音响和空调，同时车内的设计很周到，有的房车不仅有智能化的坐便器，还有双人按摩浴缸呢！

要知道，在这个房车里面，体现了很多科技进步的力量。这个车中的水循环系统是专门定制的，一方面要保证足够的清洁用水，一方面还要保证废水的循环使用。你只要打开水龙头就可以洗手洗脸洗澡，而清洁用水也有足够的保证，同时车内还会有相当数量的饮用水，用以保证车内的乘客即使行走在沙漠等难以补充水源的地方，也能维持基本的生存需要，所以车内还装载着水箱和备用水箱。

房车能够满足乘客高品质的衣食住行需求，所以你可以在车内做菜，也可以在车内洗衣服，可以躺在床上看风景，还可以听音乐呢！

其实多数房车的室内使用面积也就大约15—20平方米左右，也有的房车不仅车厢有一节火车车厢那么长，还能按照顾客的要求拖挂别墅。房车可以按照顾客的需要，不断地进行改装，有的设计成公共汽车的模样，有的做成了豪华的商务车，有的做成了适应冰天雪地工作的保温车，也有的穿上了绿色衣服，成为部队的忠诚卫士。这些房车都可以按照顾客的需要灵活地进行改装，比如行走时间长的车会增设很多储物空间，也有的会为客人装备海事卫星电视或者高级音响。

据说关于房车的创意，来源于吉普赛人帐篷，因为他们往往以卖艺为生，一生大部分时间四处流浪，四海为家，所以所有家当都是装载在大篷车上的，生活用具一应俱全。但是也有人说，房车的创意更早地来源于游牧民族，那些来自马背上的民族，一家人会随着牛羊四处迁徙，所以每年都要搬家呢！他们所有的家当，就是帐篷里面的生活用品和拉着帐篷的车子！

为了保证行车的安全，车内会装载卫星定位仪和卫星电话，方便驾驶员与后方联络，随时知道行进的方向，同时车内还有很多安全设施，比如LPG检测器、烟雾报警器、自动喷淋系统、灭火器、紧急逃生通道、自动火灾报警系统……车内装载了紧急发电系统、低温发热系统、避雷系统、防爆系统……每个系统都各司其职。为了保持联络的畅通，也为了满足网虫的需要，车内会有无线卫星系统帮助乘客实现畅连信息高速公路的梦想。

要知道，大多数的房车是按照多数客人的喜好设计的，但是在特殊环境下使用的房车会根据环境的变化添设很多特殊的装备，比如适应低温下的加热系统和电子传导系统，或者地方电磁波干扰系统。看来，小小的房车，还隐藏着很多的秘密呢！遗憾的是，因为房车的售价昂贵，现在房车还只是少数人能够享有的小众消费品。相信随着经济的发展会有越来越多的人喜欢上这个庞然大物的！瞧！房车已经开过来啦，就让我们背着行囊，让房车载着我们的梦想远行，一起去呼吸最清新的空气，拥抱最明媚的阳光吧！

威风凛凛的军事战车

在汽车大家族中，有一群威风凛凛的家伙，平时都隐蔽在丛林或者沙漠中，普通人很难见到它们的真面目，但是这些车却是我们生活中必不可少的宝贝，这就是军事战车大家族。这些车辆各个都有超人的本领，是军队的特殊装备，具有强大的作战能力，不仅能够装载各种轻重型武器，甚至还能按照要求装载核弹，真是让人望而生畏啊！

现在，这些"神秘杀手"向我们开过来了。这些车辆都是身经百战的家伙，因为在生产之前，都经历了各种残酷的考验，比如说能够适应高原、沙漠、冻土、沼泽的异常环境；有进攻和防守的能力，能够搭载大量的攻击性武器；能够在经受猛烈撞击和武器攻击的情况下保持相当的攻击力。这些绿色的大脑袋家伙可真强大啊！要知道，军事战车通常都是在环境十分恶劣的情况下工作的，比如说在十分寒冷的高原地带，路面情况很差，空气中布满了灰尘，山地还时常出现塌方和滑坡，甚至还有冻土或者冰凌灾害……

军事战车有的有顶篷，有的没有顶篷，车窗可以按照需要进行拆卸和组

装，可以按照需要开合，配备的轻重武器也会按照实际的需要进行调整。有的车后厢甚至还有导弹发射平台，车内还装了各种通讯系统、GPS的机动平台、雷达导航系统……还有各种导弹，有的还拖挂了弹药库。至于其中的各种军事设备如破拆工具、手电筒、酒精炉、紧急救护设备……自然就不在话下啦！

在沙漠或者高原地带，信号的传递是十分困难的，但是这些神秘杀手却有"眼观六路，耳听八方"的本领，所以能够在极其艰苦的环境中进退自如。在信号难以传播的时候，就会采用卫星信号系统进行信息的传递，同时车内装载着各种通讯设备，有的设备比如有线通讯设备在很多场合都已经基本上不使用了，但是在这里却是必不可少的，因为有线设备信号稳定性好，而且不容易被监听和泄密，所以还是重要的通讯设备呢！

在这些艰苦的环境中，部队在这里作业，生存条件十分艰苦，遇到风沙或者暴晒，只能躲在车里面或者车子的底盘。在

高原上因为无法煮熟食品，不得不使用高压锅，否则就只能以速热食品充饥。这些车辆不仅要承担作战任务，还需要承担很多临时的任务，比如能够让战士在车内休息，或者临时转运伤员，所以在设计的时候就要有很完备的设计方案。不仅如此，保养和维护这些车子也是个技术活，因为这些车辆一旦在路上抛锚就很难拖回去修理，很多时候就只能废弃在野外啦！

新能源汽车真厉害

　　我们过去的汽车都是依靠汽油或者柴油驱动的，这些车开动起来噪音大，而且车内总有很强的油味让人觉得不舒适，同时这些车辆在使用的过程中还可能漏油，导致事故和火灾。所以科学家一直就没有停止寻找新能源的脚步，现在已经有各

新能源

种新能源的汽车投入到市场上，还有更多的新能源汽车正在研发的过程中。现在就让我们一起去看看这些个子小、本事大的新能源汽车吧！

现在的新能源汽车可是一个巨大的家族啊！这个巨大的家族里面有电池燃料汽车、沼气能源汽车、混合动力汽车、太阳能动力汽车、氢能源动力汽车、核能源动力汽车、风力能源汽车……这些各种各样的新型汽车具有很强的优越性。比如说全世界就有超过400万辆液化气汽车，这种车行走的速度较快，大气污染低、噪音小，也没有难闻的气味，并且十分经济实惠；

又比如说天然气汽车，这种车的动力是压缩的天然气，而不是我们传统车使用的汽油或者柴油，这种车使用起来经济便宜，而且油箱变成了燃气缸后造价也便宜；也有的车辆设计成了混合动力汽车，司机可以根据现场情况，在用油和用气之间自如地切换，使用起来十分方便。

现在再来看看概念型的新能源汽车，这些车辆的威力就更大啦！比如电动车，整个车辆直接使用电机驱动，有的将电机直接装在发动舱里面，也有些直接使用车轮作为驱动动力装置。这种车因为不通过燃烧即可产生能量，所以十分清洁，同时也不会减少消耗性的资源比如石油或者天然气。这些车辆因为全部都使用电力装置，所以有了一体化的设计，只要一通电汽车就可以发动，还可以立刻打开空调、音响和灯光，甚至连座位上的按摩器也能即时启动呢！

不过也有人提出现在使用电力汽车还不是时候，

因为电力汽车还没有形成数量上的规模，也就没有经济规模，充电站也很少并且相距太远。由于电池处于研发的过程中，所以电池的性能不稳定，一旦发生了损耗就难以更换。但是即使有这样的缺点，电力汽车还是发展迅速，因为电力汽车是依靠电力进行驱动的，有着无法比拟的优越性。

也有人提出了质疑，这些车辆一旦能源损耗了，怎么去补充新的能源呢？其实电力是最好补充的能源之一啦，只需要定期地充电就可以将电力储存在电瓶里面。电力是十分清洁的能源，可

以从核能、水能、热能、风能、太阳能等自如地转化过来，而且可以通过电网来进行长途输送，或者直接从民用电源进行充电，所以使用方便而且安全。由于电力的供应分为高峰电和低谷电，这两个时候的电价是不一样的，所以完全可以等到晚上的时候再进行充电，长期坚持还能获得不少的经济效益呢！因为电能有如此的优势，大力研发用电驱动的汽车也是全世界的趋势呢！要知道，这种没有污染并且经济效益很高的新能源汽车，科学家经过研究后认为，电动汽车会成为汽车工业新的增长点。也许再过上十几年或者二十年的时间，满大街上都跑着电力汽车呢！

让我们来目睹一下氢动力汽车的魔力吧！科学家发现氢动

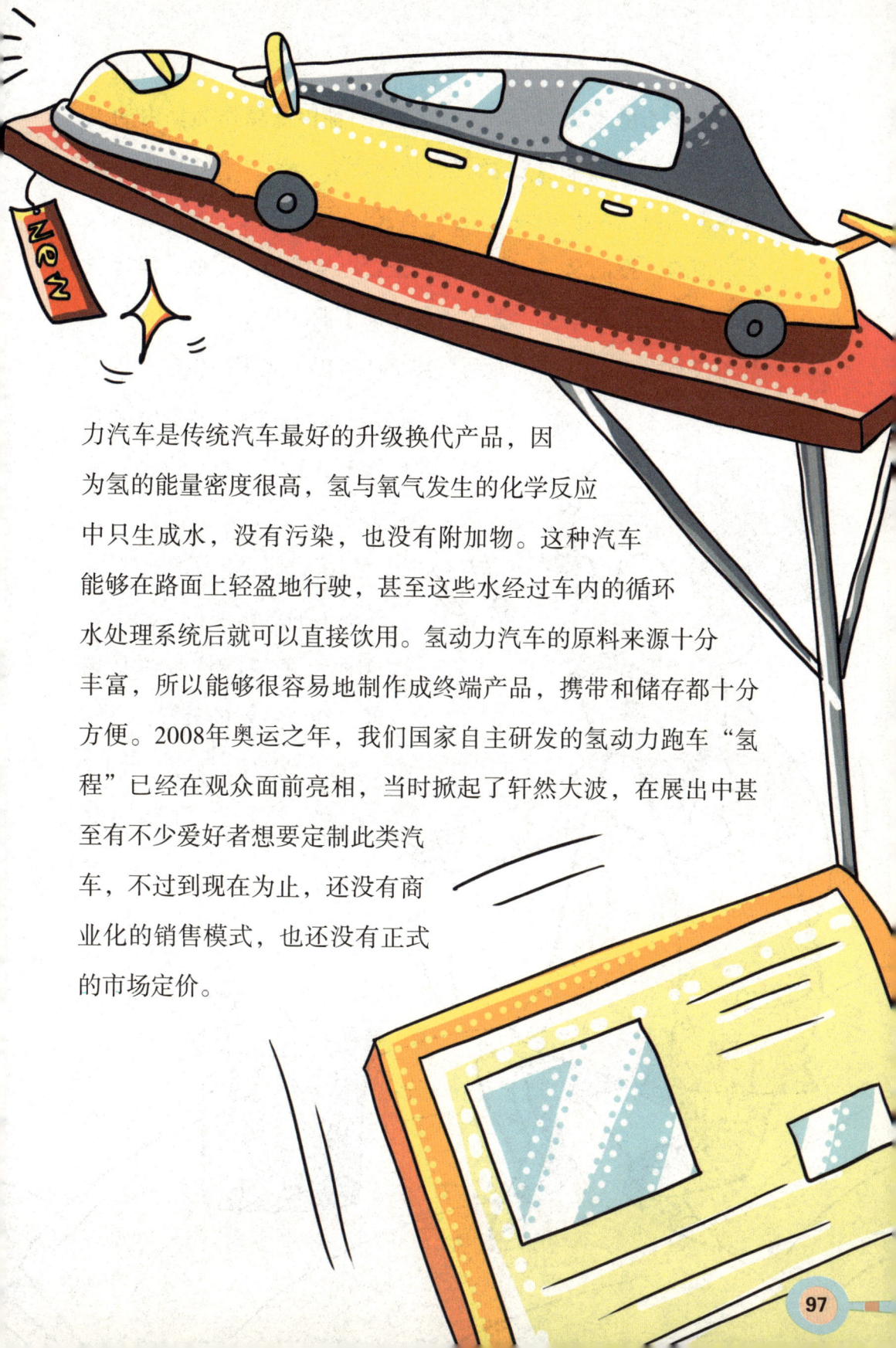

力汽车是传统汽车最好的升级换代产品，因为氢的能量密度很高，氢与氧气发生的化学反应中只生成水，没有污染，也没有附加物。这种汽车能够在路面上轻盈地行驶，甚至这些水经过车内的循环水处理系统后就可以直接饮用。氢动力汽车的原料来源十分丰富，所以能够很容易地制作成终端产品，携带和储存都十分方便。2008年奥运之年，我们国家自主研发的氢动力跑车"氢程"已经在观众面前亮相，当时掀起了轩然大波，在展出中甚至有不少爱好者想要定制此类汽车，不过到现在为止，还没有商业化的销售模式，也还没有正式的市场定价。

生物乙醇动力汽车简单地说是一种用酒精作为动力的汽车。用乙醇代替石油已经有很长的历史，技术十分熟练，在世界范围内已经有40多个国家不同程度地使用了生物乙醇的汽车。值得一提的是，这些乙醇甚至可以从垃圾中提取，所以说材料的来源十分丰富，甚至是垃圾加工业的重要产品，这种产品不仅数量巨大，生产便利，甚至还可以大规模地生产。生物乙醇中燃料的辛烷值比较高，氧含量也高，所以燃烧十分充分，动力系统很出色，而且也是一种清洁能源。

让我们再来了解一下空气动力的汽车吧！要知道，这种汽车的能量载体是空气，通过特定的装置将空气

压缩到一定程度就可以存储在储气罐中，需要开启的时候再释放出来，使用十分安全，基本上没有污染，也不需要专门的维护，缺点就是人力成本高，并且需要一定的电源，也不能长时间地存储和长距离地运输。

　　将风力作为汽车的动力来源听起来很稀奇，其实关于将风力作为动力源的设想，并不是什么新鲜的想法，而是几百年前就不断试验过的成功经验！在很早以前，人们就设计过一种"风圆锥"，这个新奇的玩意就是一套特殊的风力转化装置，在汽车行走的时候推动汽车不断地前行，通过装载在车上的涡轮机进行发电，这样汽车就可以自如地行走啦！也许在不久的将来，我们会看到大街上一辆一辆地驶过这个巨大的"冰淇淋模型"啦！

无人驾驶的汽车真聪明

"嘀嘀嘀"，汽车的喇叭响起来了，随后汽车欢叫着出现在你的面前。要知道，这辆车由于司机叔叔驾驶着，才能行驶在路面上的，而汽车司机已经成为一个很大的职业群体啦！不过随着科技的进步，"方向盘一转，什么工作金不换"的时代早已远去，汽车已经进入了千家万户，会驾驶汽车的人越来越多，而现在，无人驾驶的汽车也闪亮登场啦！

我们认为无人驾驶汽车是一种智能汽车，这种汽车具有真正的智慧，它能够像

人一样地进行"思考和判断"，所以是一个很聪明的家伙。我们也将这种汽车称为轮式移动机器人，因为这个汽车虽然没有司机，却能够进行人的思维判断，它的秘密武器就在于设计十分精密的计算机系统，还有就是智能驾驶仪和配套的软件系统。

无人驾驶的汽车依靠车内的车载传感系统来感知周围的环境变化。这些具有人类智慧的家伙能够根据设定的路线进行自动操作，能够自如地启动、换挡、上坡、下坡、进入弯道、避让行人、避让前后车辆……就好像一个熟练的司机在进行操作一样。这些家伙体现了自动控制、人工智能、视觉计算等各种先进的技术，所以在我们看来，它们甚至有些无所不能呢！

有人肯定会问，这辆车是怎么知道我在前面的呢？其中的科学道理很简单，因为人本身也是一种障碍物，当电波前进的时候遇到障碍物就会反射回来，这样一来，根据波的行进路线的改变，我们就知道前面遇到了障碍物，这和蝙蝠的认路方法有异曲同工之妙。不过，出现在前面的障碍物也比较多，比如可能有汽车，或者是行人，也可能是实验中预设的静态障碍物，那么车辆是如何识别这些障碍物的呢？其实这个道理也很简单，现在就让我们来进行分别的说明。

如果前面的障碍物是汽车的话，首先来说这个障碍物是比较大的，外观上和行人还是有明显差别的，从体型上就可以识别，其次是这个障碍物是运动着的，正常的运动幅度大约是每小时60—150千米，所以一个物体按照这样的速度在道路上行驶是能够识别出来的，人是不能跑得这么快的；如果这个障碍物是人，也比较容易识别，因为人体是发热的，当人的温度被仪器分辨出来以后，就会知道这是一个有生命的个体，所以需要避让，这种情况也适用于突然穿越马路的大型动物；还有一种情况就是避让静止的障碍物，这些障碍物也一样可以识别出来，如果是一组障碍物的情况，这个聪明的家伙还可

以根据障碍物的大小和距离，计算出最合适的行进路线呢！

对于无人驾驶的汽车的研发工作，从20世纪70年代就开始了，美国、德国等国家投入了大量的人力和物力进行该系统的研发工作。到目前为止，无人驾驶的汽车的研发工作取得了很大的成果，2005年，我国第一辆无人驾驶的汽车已经生产下线，随后投入了少量的生产。相信不久的将来，我们的生活中会出现越来越多的无人驾驶的汽车。

有的小朋友可能会产生疑问，那这种车的安全性如何？其实小朋友对这个问题大可以放心，因为在这种车辆在投入生产之前要经受很多苛刻的实验，比如高温试验、低温试验、冲击试验、撞击试验……通过了才能正式上路，所以车辆的安全性能是可以保障的！

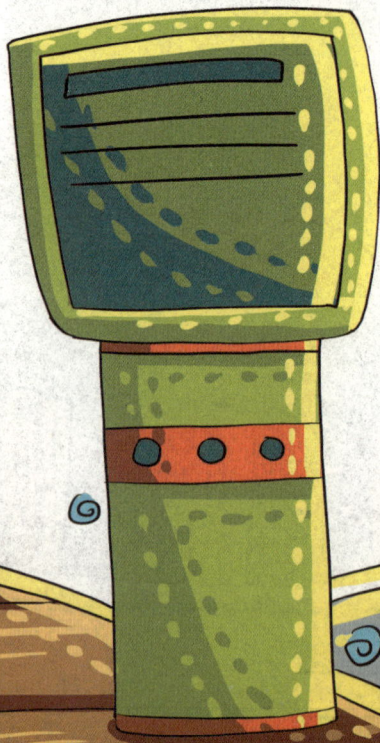

能够识别酒精的智能汽车

　　周末或者下班后，和朋友们一起吃个饭或者喝点小酒是再平常不过的事情，但是等到这些酒足饭饱的驾驶员摇摇晃晃地驾驶着车辆上路的时候，他们因脑袋不清醒就很可能发生严重的交通事故，所以不能酒后驾车不仅仅是一种常识，更是一种

法律上的强制规定。

　　为了维护道路交通的安全，交巡警们都会不分昼夜地查车，一到节假日更会严查酒后驾驶。可是这些车辆需要一辆一辆地查，不仅费时费力，而且在查的过程中会造成新的交通拥堵，甚至会导致交通事故。所以依靠"人海战术"是十分不科学的，在未来一定会被新的方式所替代。

　　不过现在有了新型的智能系统，这些问题就迎刃而解啦！

根据人体的生物特性，美国的一家公司研制出了新款的智能汽车。这些汽车装载有灵敏的光传感器，这些传感器表面上覆盖有化学膜，这些膜能够自动识别酸碱度，一旦超过了安全标准就会马上报警。我们知道，人是不断地分泌汗液的，而正常情况下汗液的pH值是6.3—6.7，一旦吸入酒精后，化学反应就会让这个数值超过警戒线，这样光传感器就会根据膜的反应进行自动控制，比如自动地让车辆靠边、车灯闪烁报警、汽车自动熄火、汽车自动转接到指挥中心……这样喝了酒的驾驶员，就没办法驾车上路啦！

　　不过说到这里，又有小朋友问了，那车辆怎么知道喝酒的是驾驶员还是乘客呢？其实这个问题很简单，因为驾驶员肯定是坐在司机的位置上的。但是随着技术的升级换代，现在这个能够自动识别酒精的智能汽车又有了新的附加功能，比如说，疲劳驾驶识别或者情绪异常识别。现在我们来说一说这些功能，汽车驾驶员连续驾驶四个小时后，就达到了疲劳驾驶的标准，这个时候驾驶员的身体就会感觉疲倦，而且反应速度会降低，造成道路交通隐患，这个时候车内的智能系统就会自动地播放音乐，缓解驾驶员的身体疲劳；如果这天驾驶员情绪不佳，他开车的时候把握车内方向盘的力度就会发生很多变化，

这样一来驾驶员的异常情绪就会被识别出来，他们就不能够上路行驶啦！

值得注意的是，现在的汽车又增加了新的功能，就是夜间提醒服务。要知道，人在夜间的时候是最容易疲劳的，而夜间在公路上行驶既没人聊天，也没有吸引注意的东西，而在凌晨的4点到6点之间，又是人最疲倦的时候，人在这个时候很容易昏昏欲睡。所以车内就会装载有智能识别系统，随时根据司机的面部表情变化来识别司机是否保持清醒。系统在这个时间段，每隔半个小时或者一个小时，就会定时抖动一下，提醒司机注意安全，一旦发现司机感觉疲劳，就会启动芳香释放的装置，将薄荷醇释放到空气中缓解司机的疲劳。看看，在这种全副武装之下，司机一定会安全行车，将我们和货物安全送达目的地的！

和你躲猫猫的隐形汽车

如果你是一个哈利·波特迷的话，一定会记得那个神奇的斗篷，只要一披上它，周围的伙伴就找不到自己啦！这是一种神奇的隐身技术，现在已经被广泛地运用在了各种军事武器上，比如离我们生活比较远的隐形飞机、隐形战舰、隐形导弹……这个隐形的汽车吧！

我们先来了解一下隐身的物理原理吧！你可以选一个白玻璃泡在水里面，如果是密度比

较大的液体则效果更佳，因为光线在白玻璃上的折射率很低，所以你基本上不能凭借肉眼看见这个白玻璃。在这个理论的基础上，运用仪器和药物对光线进行分解，这样一来，当折射率和空气的折射率是一样的时候，人就什么都看不见啦！不过这个理论其实是不能实现的，因为如果要看见东西，就得有光线在视网膜上形成投影。如果让光线都绕道而行，那么你自己就不能看见任何东西啦！

现在我们所说的隐形汽车，比较流行的技术就是光学伪装技术。我们知道，我们之所以能够看见物体，是因为这个物体反射或者折射了光线，然后将这些光线进入到我们的眼球里，一旦缺失了必要的光线，我们就无法看见这个物体啦！在最初

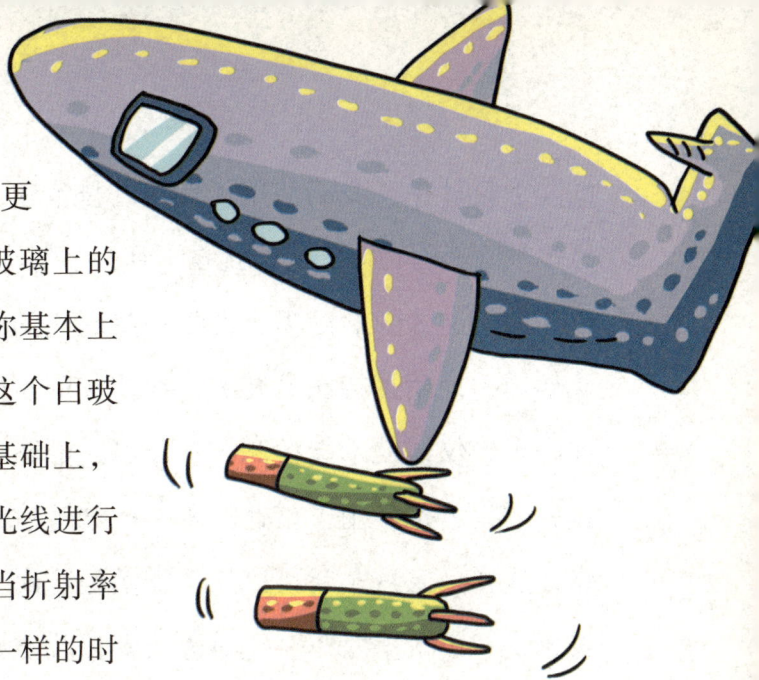

的隐形设计中，我们使用了特定的技术让光线拐弯，即光线不经过被隐形的物体，这样就看不到这个物体啦！

其实这种隐形汽车，也和一些现代的电子对抗技术有关。比如说，使用了特殊的装置，在汽车的表面上涂上一层膜，这样一来，仪器就不能检测出汽车经过的路径，汽车就隐身了；也有的技术是使用了雷达技术，比如让对方仪器不能正常的工作，这样一来汽车就可以从仪器的眼皮底下溜走啦；还有一种技术是"声东击西"，让对方仪器接收错误的信息，这样真正的汽车就可以大摇大摆地上路啦！

》》》现在我们来看看，隐形汽车F-Cell奔驰是怎么实现这个目标的。工程师制造出一种幻觉，经过特殊的设计后，在车的一侧覆盖一层LED保护膜，同时在另一侧安装数码SLR摄像机，这样

一来，视线就会出现穿通的效果，直接看到车后的景象，就好像变色龙一样和周围的环境融为一体，从而实现了隐形的目的。

　　其实这个隐形车，也真不算什么秘密啦，因为在追捕卡扎菲的战争中，隐身车就成为他逃生的秘密武器。原来这辆车经过了改装后，就有特殊的电子装备，不受任何电子干扰，并且还能扰乱一定距离内的无线频率，使得轰炸无法进行。这辆特殊的隐形车就这样在海陆空部队的层层包围下溜走啦！

会飞翔的汽车

　　随着汽车工业越来越发达，我们的道路上充斥着各种各样的汽车，这些汽车给我们的生活带来便利的同时，也造成了各种各样的交通拥堵和交通事故。这些汽车在高峰时段在马路上尖叫，在灰尘中穿行，运送了很多的货物，也运送了很多的行

人。可是，当我们着急去办事或者上班的时候，却发现我们的车子陷入一片车水马龙的大街上，即使我们着急得不行，车子依旧寸步难行。有人看到这个场景就去想，要是能够发明一种新型的汽车可以从这上面飞过去多好啊！

现在这样的汽车，已经从梦想变成了现实。20世纪90年代，美国就研制成了一种会飞的汽车，这种汽车能够解决城市交通拥堵的问题，不仅能够在陆地上健步如飞，也能在天空中自由飞翔，很是自由畅快。这种汽车的售价十分高昂，就好像汽车和飞行器的组合，外形很像蝙蝠，有8个发动机，感觉比一般的汽车要小一些，简直就是个"飞车"呢！

这个神秘的汽车在陆地上奔驰的时候，翅膀和尾巴是可以收起来的，但是一旦进入了空中，翅膀和尾巴就展开了，看起来就好像一个巨大的老鹰，在蓝色的天空中翱翔。要知道，在巨大的天空之中，有这么个神奇的家伙在飞行，也算是一道靓丽的风景线。而且，这个神奇的、像老鹰一样的汽车，却只是到普通的加油站去加油，因为不需要使用飞机的专用油，所以运行的成本也非常低，维护和保养起来也十分便捷。

驾照

要知道，我们驾驶汽车是需要驾照的，驾驶飞机也需要专门的驾照，而且还必须经受了专门的培训后才能操作。不过这款汽车的驾驶比较容易操作，只需要获得驾照，然后经过一定时间的专门训练就可以啦。在空中飞行的时候，我们过去使用的雷达导航系统会被全新的导航系统所代替，这是一个经过反复研究并论证的"傻瓜"系统，只需要简单的操作就可以飞行自如，由于轨道是自动计算的，在空中飞行也十分安全，所以不会发生撞击事故。

值得提到的是，这个身体小、本事大的空中汽车，居然是通过卫星导航系统进行轨道测

算的。

正在飞行的汽车能够接收到卫星定位车或者信号基站的位置，然后根据这些信号评定轨道平面，通过这些平面来测算出轨道的位置。要知道，在进行计算的时候，连一只小鸟飞过的轨道都可以避免，空中的安全性是很高的，而且弹道曲线十分准确，落地的位置可以精确到厘米。

不过这样的车，更多是在电视画面上看到的，现在还没有大规模地走进千家万户。现在科学家正在抓紧研发这种车辆的大规模生产，也许在不久的将来，你们的家里也会有一辆这样的汽车，这样你就可以开着这个"空中汽车"去上班啦！

能够在月亮上行驶的汽车

有一种汽车，具有飞天入地的本领，不仅能够在没有氧气的环境下安全运行，而且能够抵御各种严寒和酷暑的侵袭，在各种固体表面行走自如。这种汽车可以按照预设轨道绝对服从命令，甚至具有人工智能，可以按照设计的程序进

行判断和"思考"。这个本事大的家伙还能够进行各种科研活动，在各种恶劣的环境下行走自如，而且还能自动地躲避各种电磁干扰和尘爆，简直就是无所不能的"超人"呢！这种具有了不起的能力的汽车不是纸上谈兵，这是一个事实，现在这样的超级汽车已经被研制成功啦！

现在就让我们来目睹一下超级汽车的风采吧！乍一看，这样的汽车还真的是小巧玲珑呢，看起来就好像一个玩具车，但是这可是千真万确的汽车啊！车子的四个轮子都很小巧，就好像家里的盘子那么大，有一个聪明的、可以360度旋转的脑袋，

还有一个大肚子，里面都是密密麻麻的仪器。不要因为这个车子其貌不扬就觉得它没什么大本领，它可是"乌龟有肉在肚子里"，里面的每一个部件，哪怕精确到毫米，都是经过了无数次科学实验和测算后才被设计出来的！

现在这个能够在月亮上行驶的汽车，如同一个害羞的少女向我们款款走来。她穿着草绿色的迷彩服，就好像一个英姿飒爽的女战士，充满着青春和活力。这种汽车十分娇小，装饰也很简单，装载的功能却十分强大，甚至可以进行月面巡视、月面生存、月面仿真模拟、月面信息传导……各种高科技技术。

也有人提出质疑，认为花这么多钱，就做出个这么个小东西很不值得；还有人对这种汽车的功能也表示不理解，觉得这种车进行远距离信号传递的时候有些失真。但是科技是不断发展进步的，任何科学的进步都只能建立在不断改进和尝试的基础上。也许在不久的将来，随着技术的进步，会有更多性能更好的登月车，在月亮上行驶呢！

火星漫步车是什么车呢?

火星车也叫火星漫步车,是一种能够在火星表面上移动的探测器,准确地说是一种智能机器人,但是更像一种车的形状,而不是人的形状。由于火星表面的地质结构十分复杂,所以火星漫步车需要适应这些特殊的环境,甚至还需要避让陨石坑和火山坑。火星漫步车并不是汽车,因为给这种机器人装上了轮子,所以我们一般情况称之为火星车。

核动力驱动的火星车

火星车"好奇"号甚至已经能够发射回来彩色的图片,并且已经成功地登陆并完成了预设的科考实验,这些实验都是前所未有的。这辆车的体型很小,但是却是用核动力来驱动的,劲道十足,而且在运行的时候一点儿都不会感觉到累。其实用核动力作为火星车的驱动动力,也是一种新的试验。试验证明,核动力轻巧而动力足,是很好的动力来源。

从小爱科学　小生活大世界